D1344017

en traduction,

heureuse aventure!

Puissent ces poèmes,
axés sur la vision cosmique
de notre destin,
t'accompagner vers les
plus hauts sommets
de ta bonne étoile——

Luc Laforce
30 sept. 93

Luc Laforce

L'AVENTURE HUMAINE
Fresque poétique

LES PRESSES D'AMERIQUE

INDEX

I.- PRÉMICES ....Page 6
Muse — Le sublime enjeu — Banlieue du cosmos

II.- EAUX-FORTES................................. Page 15
Le disque d'or — La reine de la nuit — L'océan tous azimuts
— Solstices — Visions champêtres — Kaléidoscope —
À la claire fontaine — La couleur du temps — Les quatre
saisons

III.- FEMME ÉTERNELLE ....Page 27
Jeanne d'Arc — Ève — Elles ... — Reine du foyer —
Mères angéliques — Mon étoile — Filiations — La Belle
au bois dormant — Conte des mille et une nuits — La
poétesse des fleurs

IV.- CULTE DE LA RAISON? .... Page 41
Penser — Rêve — Rêve polychrome — Psychanalyse —
Se réjouir — Le bonheur — Tempus fugit — Mouvance —
Pourquoi? — Étoiles filantes — Fragilité de la vie —
Loterie — Avoir et être — Éloge de la nuit — Tic tac —
Raison de vivre — Suprêmes merveilles

V.- TRIBULATIONS ....Page 63
Détresse — Statut de la femme — Double frustration —
Paratonnerre — Monde utopique — Altruisme

VI.- MODUS VIVENDI ....Page 73
Vivre — Cibles inaccessibles — Jean qui rit, Jean qui
pleure — Juste mesure — Oasis — Solitude — Pape
itinérant

MUSE

Invoquer la Muse
Qui rien ne refuse
Harmonie rythmée
Qu'en nous elle supplée

Ô monstres sacrés!
Poètes bien-aimés
Vos mots enjoués
Enchantent mes journées

Gens de parole
Parfois s'envolent
Très loin du sol
Au ciel fignolent

Aventure humaine
Bonheur ou déveine
D'Adam, d'Ève
Heure brève

Cent poèmes
Sur ce thème
Quatre cents quatrains
Grand tour du jardin?

LE SUBLIME ENJEU

Pain du coeur et de l'esprit
Eau fraîche d'imagerie
Poèmes pour l'appétit
À mesure qu'il grandit

Tonneau des Danaïdes
Débordant, toujours vide
Où sont donc passés
Les vers étoilés?

Peindre avec de nobles mots
Les jolis coquelicots
De l'esprit, les sanglots
Du bonheur, les îlots

Que du fond de l'abîme
S'élève vers la cime
Poésie eurythmique
Cantique des cantiques!

BANLIEUE DU COSMOS

Nombre indicible d'étoiles gravitent
Sans cesse dans le cosmos sans limites
Sur planète Terre, l'homme, souffle de Dieu
Pétri à son image, animé de ses feux

Grand émoi face aux beautés naturelles
Figure de proue : la femme éternelle
De l'homme et de la nature les merveilles
Charment l'esprit et le coeur, les ensoleillent

Pyramides, châteaux, cathédrales thématiques
Du génie humain prestigieux chefs-d'oeuvre mystiques
Érigés au cours des siècles inspirés
Glorieux fleurons de l'humanité

Pivot de l'Histoire — l'homme se souvient
Du divin et illustre Nazaréen
Qui de l'homme a emprunté la nature
Ce qui d'emblée l'être humain transfigure

L'art sous toutes ses formes exprime
De l'âme humaine le sublime
Pour atteindre les hautes cimes
Contre mer et monde s'escrime

II
EAUX-FORTES

LE DISQUE D'OR

Timide lueur à l'horizon
Le disque d'or apparaît soudain
Dans toute sa majesté, sa déraison
Comblant de lumineux faisceaux les humains

Sa présence ranime les coeurs
Relève d'un cran la bonne humeur
Source de vie, d'espoir-bonheur
De l'être humain grand cajoleur

Père de l'humanité, principe de vie
Le disque d'or à l'oeuvre jour et nuit
Caresse la planète de son souffle chaud
Depuis les vieux temps immémoriaux

Sa compagne dans la fécondité
La mer dans sa splendeur, dans sa beauté
A tôt été séduite par l'éclat
Du disque d'or la merveilleuse aura

LA REINE DE LA NUIT

Elle éclaire nos nuits
Écoute nos récits
Sans cesse nous sourit
La lune notre amie

Son charme nous séduit
Mystère qui traduit
La ferveur reflétant
L'éclat du diamant

Douce lumière cendrée
Éclaire nos pas feutrés
Dans la prairie de nos rêves
Où nos déplaisirs font trêve

Fontaine de Jouvence
Qui supplée aux carences
Appui, rythme et cadence
De nos folles espérances

L'OCÉAN TOUS AZIMUTS

Très ancien pourvoyeur des fragiles hommes
L'océan en a hélas croqué des multitudes
Imprudents ou infortunés êtres en somme
Ce qui ne lui enlève rien de sa plénitude

Ubiquité de cette énorme masse
Couvrant de la terre le plus grand espace
Réservoir de faune et de flore marine
Qu'il offre aux humains depuis l'origine

Propriété curative de ses eaux
Voie maritime toutes destinations
De l'humanité l'historique berceau
Lui ouvre depuis lors les vastes horizons

Flux et reflux résonnent sur les rives
Murmure que les poètes décrivent
L'assimilant à un va-et-vient berceur
Réminiscence de l'enfance du coeur

SOLSTICES

Caressante chaleur, parfums errants
Fleurs amoureuses, filles du printemps
Tout reverdit aux chants des oiseaux
Évoquant des romances l'écho

Splendeur du soleil, éclat de l'été
Chance exceptionnelle d'être né(e)
Pour une seconde d'éternité
Riches heures pour l'univers oeuvrer

À l'automne les paillettes d'or
Couvrent les feuilles, le décor
Symbole d'un prodigieux effort
Du labeur de l'homme, le trésor

Un grand bonhomme le Père Hiver
Rude, rigoureux, mais très sincère
Sa visite annuelle nous libère
Des fantasmes, jouissances terre-à-terre

LES QUATRE SAISONS

La couleur du printemps de l'être humain
Oscille entre le rose et le sanguin
Pleine réserve d'optimisme, l'air lutin
Contre vents et marées il avance bon train

Il fonce à travers son été
Comme si rien ne s'était passé
Cependant qu'il aura trimé dur
Pour s'assurer gîte et nourriture

L'automne le retrouve grisonnant
Mais encore à grande allure marchant
Projetant quelque lest en passant
Troquant le vert pour le rougeoyant

Se trouvant soudain en plein hiver
Loin déjà de l'active carrière
D'ores et déjà il suit d'autres critères
Ne procédant plus guère par enchère

III
FEMME ÉTERNELLE

JEANNE D'ARC

Éclatante beauté spirituelle
De par le monde depuis cinq siècles étincelle
Phénomène unique, cadeau du Ciel
Que cette carrière insigne de la Pucelle

Modeste paysanne au tempérament héroïque
S'immolant pour sa patrie, fille de l'Église
Tombée au plus bas, en situation anarchique
Qu'elle entraîne, relève, anime et fleurdelise

Foi incandescente
Des saints confidente
Reine de guerre ardente
Domine la tourmente

Clairvoyante avérée
Perçoit tout d'emblée
Connaissance innée
De toute destinée

Génie militaire
Esprit visionnaire
La France à refaire
Saga exemplaire

Créatrice d'espoir
Vole vers la victoire
La Pucelle, rédemptrice
Symbole du sacrifice

Sainte Jeanne d'Arc
Roi, châteaux et parcs
Donne-nous le courage
De suivre ton sillage!

Jeanne d'Arc
Miniature d'un manuscrit du XVIe s.
(Musée Dobrée, Nantes.)

È V E

Joyau le plus précieux de la nature
Fontaine inépuisable d'amour tendre
Elle anime, ennoblit et transfigure
Pivot de l'humanité qu'elle engendre

Femme, les nuages sont de bon augure
L'ardent soleil exhibe faste figure
L'ambiance tourne à la bonne aventure
Grâce à l'amie la plus chère, la plus sûre

Avec l'amour de toutes les femmes du monde
J'annihilerais la haine qui y abonde
Créerais d'emblée le paradis terrestre
Où fleurit le bonheur suprême céleste

ELLES...

Prototypes de douceur et de mystère
De beauté, de fraîcheur, de charme et de délice
Qu'elles pensent, parlent, sourient ou délibèrent
Que de plaisants scénarios elles esquissent!

Comme le papillon attiré par la lumière
Émerveillé par le vif éclat du réverbère
L'amoureux butine l'élixir à coeur ouvert
Jouissant éperdument de cette enivrante enchère

Inconditionnels de l'éternel féminin
Vers elles par l'esprit et le coeur enclins
Les sages grandissent en s'élevant sur l'autel
Du grand amour conjugal et maternel

REINE DU FOYER

Ange et fée de la maisonnée
Elle en exprime la pensée
Par le décor et l'harmonie
Et l'esprit qu'elle vivifie

Du jardin à la rocaille
Du lilas à la pierraille
De l'oasis à l'Éden
Elle en reste la gardienne

De son compagnon l'amoureux appui
L'invite à relever tous les défis
Les deux ensemble ils édifient
La plus belle des poésies

La première à implanter
Au coeur de l'enfant la clé
De sa personnalité
À valoir l'éternité

Vertus du coeur et de la volonté
Instillées au cours des tendres années
Forment les princes de la société
Oeuvrant au bonheur de l'humanité

L'avenir du monde entre ses mains
Elle éduque les chefs de demain
Femmes et hommes qui feront l'histoire
Couvriront la nation de gloire

MÈRES ANGÉLIQUES

Pérennité des fibres maternelles
Au-delà de la vie et de la mort
De leurs enfants conseillères, sentinelles
Inquiètes de leur santé et de leur sort

À l'écoute du rythme de leur coeur
De leur esprit à l'affût des lueurs
Elles en perçoivent la juste ampleur
Et influent sur le cours du bonheur

Mission permanente des mères
Que ce soit de l'Au-delà ou sur terre
Elles conservent le même agenda
Pour leurs enfants, le nec plus ultra

MON ÉTOILE

Blottie en mon coeur assombri
L'image de ma mère chérie
Douce figure me souriant
Comme une étoile scintillant

Grâce à ses feux étincelants
À son grand amour vivifiant
Tout mon être resplendissant
Jouit de son souffle caressant

Source de bonheur-enfant
De poésie au rythme constant
Ce souffle, d'amour pétri
Allume en mon âme un incendie

FILIATIONS

Elle m'a donné la vie
Jolie et brillante amie
Renommée pour ses écrits
Fontaine de poésie

Hommage à sa compétence
De ses dons la remercie
La passion de l'excellence
La recherche de l'infini

L'idée d'une fée chérie
De même idéologie
Dont la superbe énergie
En apogée a fleuri

Constellation de sept étoiles
Nées d'une mère guidant la voile
Jusqu'aux portes de la destinée
Armes, bagages, science et beauté

LA BELLE AU BOIS DORMANT

Bel et bien endormie
Au profond de la nuit
De beaux rêves envahie
Heureuse est Virginie

Sur ses lèvres l'esquisse
D'un sourire complice
D'un grand bonheur-mystère
La couvrant de lumière

D'elle la merveilleuse aura
Rayonne jusqu'à l'Alhambra
Autre magnifique jardin
Où luit la lampe d'Aladin

CONTE DES MILLE ET UNE NUITS

Puissance de la mer montante
Qui unit les êtres qu'elle hante
Espoir d'un plaisir retrouvé
De le porter à l'apogée

Résurgence du rythme berceur
Perçu naguère au creux de noirceur
Douce et constante mouvance
De la primitive enfance

Glissant sur des eaux limpides
Le canot creuse des rides
Qui meurent au rivage placide
Dénouant l'euphorie fluide

Rayonnement d'ondes concentriques
Climat intérieur idyllique
Apogée de l'empathie
Bien-être qu'elle irradie

LA POÉTESSE DES FLEURS

Cinq volumes de véritables fleurs qui parlent
En idiome poétique qui emballe
Ouvrage d'une sylphide amoureuse
De la flore les beautés cajoleuses

Monument artistique signé Julie
Corbeil, ce lieu verdoyant et fleuri
Seul en son genre, poèmes qui sourient
Entretiennent au coeur une imagerie

Quintessence de la fantaisie
Gracieuse fleur de la Normandie
Son royaume floral édifie
En un pactole de poésie

IV
CULTE DE LA RAISON?

PENSER

D'où venons-nous, êtres pensants?
Surgis, semble-t-il du néant
Rien ne se perd, rien ne se crée
Tout se transforme et on est né(e)

Du monde fragments
Espoir et tourment
Du bien et mal conscients
Témoins de notre temps

Chaînons de l'humanité
Dans l'avenir projetés
Grand espoir d'éternité
Esprit et coeur tourmentés

Destinée de l'être humain
Régi par le Plan divin
Maître de la terre certain
Hier, aujourd'hui, demain

D'où nous vient ce souci
D'amour et d'infini?
Sinon de Dieu, de Lui
Qui les personnifie

Météores fulgurants
Toute une vie traversant
Que ne pouvons-nous en cent ans
Sauver le monde impénitent?

Comment se fait-il
Qu'à distance utile
Le soleil si viril
Donne vie sans péril?

L'éclosion de la vie
Étonne les érudits
Le maillon manquant
Est toujours flagrant

La vie que personne n'explique
Secret que Dieu ne communique
Mystère quant à l'origine
Destinée qui nous hallucine

Spectacle navrant
De l'homme cherchant
Le secret du Temps
De la vie, du Plan

Mystère de l'invisible
Recherche ardue de la cible
D'un autre monde voilure
Nous caressant la figure

RÊVE

Autoroute débouchant sur l'inconscient
Catapultés que nous sommes journellement
Dans l'empire des rêves sensationnels
À plusieurs années-lumière du réel

Délices du monde onirique
Charme des pastels romantiques
Transports du Cantique des cantiques
Extase des sommets idylliques

Aux frontières occultes du monde invisible
L'inconscient tourne en rond autour de la cible
Face au voile diaphane du mystère
Que le rêve fissure de ses éclairs

Lueur soudaine des sommets spirituels?
Du monde des esprits saisir le rituel
Partager avec eux les secrets de l'Au-delà
Quintessence du seul véritable cinéma

RÊVE POLYCHROME

Demi-sommeil orné d'art fastueux
Coloris, tableaux, parfums capiteux
Vie qui semble plus vraie que nature
Regorgeant de brillantes aventures

Résurgence du fond du subconscient
D'images très claires, colorées, précises
D'immeubles, de rues, de parcs d'agrément
Que le rêve récupère et poétise

Cinéma d'évocation long jeu
Clarté éclatante, régal des yeux
Pulsions vers des contrées idylliques
Du plus profond de l'être les tactiques

PSYCHANALYSE

Entrée subreptice dans le monde onirique
Le Moi raisonneur fait place au riche inconscient
Tout est sur pied pour le théâtre allégorique
L'imagination débridée joue librement

Le désert entre le subconscient et l'invisible
Laisse filtrer des ombres de l'inaperçu
Livrant des indices au rêveur suprasensible
Des grands problèmes existentiels irrésolus

Évanescence des données d'outre-frontière
De l'invisible et impondérable atmosphère
Fragilité de la mémoire terre-à-terre
Qui ne conserve que les fantasmes d'hier

SE RÉJOUIR

Que de multiples et émouvantes occasions
De célébrer la divine Création
La splendeur de l'univers
Laisse pantois de mystères

De l'infiniment petit
À cet infiniment grand
Du fond de la nuit
L'univers s'étend

Gravitation interne et externe de l'atome
Milliards d'astres évoluant dans l'espace sidéral
Tout circule dans le cosmos sans limites et sans dôme
Y compris l'homme emporté sur un grain de sable astral

LE BONHEUR

Qu'en est-il du bonheur
Face aux plus grands malheurs
Comment peut-on être heureux
Témoins d'un monde orageux?

Étrange inconscience
Qui nous fait tout oublier
Et prendre en patience
Les déboires accumulés

Rire, le propre de l'homme
De l'actif il fait la somme
Yeux fermés sur le malheur
Cascade de bonne humeur

TEMPUS FUGIT

Vitesse fulgurante du temps
Le plus despotique des tyrans
Capital vite dépensé
Comment n'être pas bousculés?

Cruelle brièveté de la vie
Sitôt que commencée déjà finie
Les jours qui nous sont comptés
Disparaissent à la volée

Les mois et les années s'estompent
Nos rêves, nos espoirs nous trompent
Rien ne reste du plan premier
D'un monde plus équilibré

Les pensées les plus secrètes s'amoncellent
Au compte de la mémoire universelle
Débits et crédits de l'esprit immortel
Consignés au grand livre de l'Éternel

MOUVANCE

Accélération de l'Histoire
Progression géométrique
Comment suivre la trajectoire
Concilier la problématique?

Stabilité ancienne interrompue
Triomphe permanent de l'imprévu
Nature et forme des événements
En transformation journellement

Disparus les postes permanents
Les mariages tranquillisants
L'indice du coût de la vie rampant
Les enfants exemplaires obéissants

Fuite par en avant
De la technologie
Appareils vieillissant
En rapide agonie

Instantanéité
Des communications
Universalité
De toute information

À notre époque en constante mutation
Bousculés par le torrent des journées
Sonne le noble appel de la création
Pour sauver les meubles et l'identité

POURQUOI?

Le pauvre, le riche
Le sot, le génie
Le tigre, la biche
Le gros, le petit?

Partie intégrante de la nature
L'inégalité à ce jour perdure
Autant en prendre son parti
En en relevant le défi

ÉTOILES FILANTES

Surgis de l'éternelle nuit
Animés d'un souffle de vie
Confrontés d'office au combat
Glissons, mortels, n'appuyons pas

Joies et peines confondues
Euphoriques, puis déçus
Très réel notre cinéma
Glissons, mortels, n'abdiquons pas

Rêves, désirs, projets effervescents
Châteaux de cartes soufflées par le vent
Bafoués dans l'anonymat
Glissons, mortels, n'en parlons pas

FRAGILITÉ DE LA VIE

(voix d'un embryon)

L'amour vient de me concevoir
Pour l'instant tenu(e) dans le noir
J'espère bien un jour vous voir
Je m'accroche à ce faible espoir

Souvent, dit-on, on complote
Contre ma vie on chuchote
Un rien me ferait basculer
Hors circuit dans l'éternité

Aurais-je la chance de mes géniteurs
Fortunés qui ont accédé en douceur
Au royaume de leurs bienfaiteurs
Sans être molestés droit au coeur?

Vous le savez bien, la vie c'est tout ou rien
Dès la conception je suis citoyen
Du Plan divin d'ores et déjà la cible
Mes droits à la vie sont imprescriptibles

(voix d'un quidam)

Cramponné au lierre au flanc d'une montagne
Très haut perché au-dessus de la campagne
Ma vie dépend du seul souffle de Dieu
Qui me retient en ces étranges lieux

Cent dangers prochains rôdent autour de moi
Sans que pour autant je sois aux abois
D'où me vient cette confiance, cette foi
Sinon de la présence du Roi des rois?

LOTERIE

Séduit par l'euphorie de l'espérance
Le parieur exulte de bonheur
Coupant court aux lenteurs de la patience
S'abandonnant au souffle prometteur

«Et si c'était vrai que j'ai de la chance?»
«Qu'une fois je déjoue l'invraisemblance»
«Qu'enfin servi par la loi des nombres»
«Je sorte vainqueur des zones sombres»

La Fortune ne sourit qu'aux audacieux
Tous les autres lui paraissent douteux
Pour un millionnaire, cent mille gueux
Triomphe de l'idée du merveilleux

AVOIR ET ÊTRE

Que n'ai-je vingt ans
Pour vaincre le temps
Pourfendre le vent
Rire à l'avenant?

Que ne suis-je astéroïde
Pour circuler dans le vide
Voyager comme un bolide
Dans l'univers ovoïde?

Que n'ai-je quarante ans
Pour vivre en plein élan
Embellir mon roman
D'amour effervescent?

Que ne suis-je magicien
Pour dominer le destin
Changer le sort des humains
Créer de beaux lendemains?

Que n'ai-je la richesse
Pour combler de largesses
Les malheureux, les indigents
Qui souffrent désespérément?

Que n'ai-je cent vingt ans
Pour faire le bilan?
Que ne suis-je immortel
Pour prouver l'irréel?

ÉLOGE DE LA NUIT

Calme profond, mystérieux de la nuit noire
Joie ineffable d'en suivre la trajectoire
Don temporel princier, moments privilégiés
Où règne en maître l'individualité

Du tintamarre l'ultime refuge
Des forces intellectuelles qu'il gruge
Joyeux festival de la création
Poursuite des travaux en gestation

Du fin fond de l'esprit songeur
Du murmure évasif du coeur
Émergent des signes du destin
Révélant quels en sont les chemins

La lune qui prend la relève du soleil
Éclaire l'âme de son reflet argenté
Compensant la perte fictive de sommeil
Par une vie de l'esprit plus ensoleillée

TIC TAC

Vie fugitive ponctuée par le tic tac
Paraphrasant de l'existence le cric crac
Sons que ne sauraient entendre les timorés
Désirant de leur esprit la fin évacuer

Vitesse fulgurante des années
Qui s'échelonnent comme des bouées
Auxquelles on s'empresse de s'accrocher
De peur de ricocher et perdre pied

Angoisse universelle de l'humanité
D'être un certain jour dans le gouffre précipité
Changement qui est craint que parce que inconnu
Cependant que l'esprit survit comme plus-value

RAISON DE VIVRE

L'homme, doté de la dignité de l'esprit
Héritier et possesseur du temps de sa vie
Pour quittance offre au service d'autrui
Les forces et lumières en lui investies

La semence portée en terre
Fruits en sol fertile libère
À l'indigent, l'apport fourni
Rebondit en contrepartie

Les rayons du soleil caressant la vigne
Font mûrir le raisin, substance du vin
Doux nectar exotique de fumet insigne
À boire à la lueur de la lampe d'Aladin

Poursuite de notre aventure humaine
Au rythme accéléré des temps modernes
Progrès ou régressions dans les divers domaines
À la mesure de la brillance des lanternes

Tout être humain apporte sa pierre
À l'édification du monde
Sous forme d'action, charité ou lumière
Gestes se répercutant comme des ondes

Vibration du bien qui s'éternise
Ranime, soutient et poétise
Fleurons et baume de l'humanité
À la recherche de l'équité

SUPRÊMES MERVEILLES

Onde ineffable et subtile de la poésie
De la grisaille du quotidien revivifie
Brise fraîche dans le désert des maux et peines
De toutes les séductions la meilleure aubaine

La nature dans toute sa magnificence
Inonde l'homme de ses bienfaits qui compensent
Certains malheurs alourdissant sa destinée
D'être pensant, fol amoureux de liberté

Dieu dans sa sagesse a créé
Les plus merveilleuses des fées
La femme éternelle, les douces bien-aimées
Aimants magiques attirant la félicité

Autre suprême merveille : la pensée
Rapprochant l'homme de la divinité
La raison qui lui a été donnée
Lui ouvre la voie vers son apogée

Courte vie pour y penser et y parvenir
Très tôt faut-il qu'il commence à s'épanouir
La roue du temps tourne trop vite pour s'ancrer
Dans les multiples voies de la réalité

Chanceux s'il arrive à parcourir
Son bout de chemin sans coup férir
Cependant que le ferme courage
Lui fait prendre tous les bons virages

V
TRIBULATIONS

DÉTRESSE

Moult périls en la demeure
Surplus de vaines souffrances
Par millions les malheureux hommes meurent
Victimes du sort ou de la violence

Barbarie déchaînée tous azimuts
Sous la férule infernale des brutes
Le spectre odieux de la vilenie
Hante nos tristes jours et blanches nuits

Misérable humanité
De brutalité frappée
Que de monstruosités
L'accablent, la font ployer!

L'incurie, la courte vue
Les outrages l'exténuent
L'égoïsme perpétue
Les pires déconvenues

L'homme, âgé d'un million d'années
Rustaud, très peu christianisé
Succombe à la barbarie
D'instinct et a priori

Mû par des chimères
L'homme dégénère
Tue la vie sur terre
Pollue ce qu'il gère

Frères de toutes races battus
Toutes religions confondues
Au nom de Dieu on tue
Comble de la berlue

Angoisse de l'âme chrétienne
Face aux attaques quotidiennes
Pourquoi faut-il être impuissants
Contre le crime triomphant?

Que de peuples asservis
Par des puissances ennemies
Sous des apparences de liberté
Sans pouvoirs réels, pieds et poings liés!

Devons-nous toujours nous contenter
De la démocratie galvaudée
Que n'arrive-t-on à déterminer
Forme et fond d'une gestion rangée?

STATUT DE LA FEMME

Depuis le tout début en retard
Le sort de la femme à tous égards
Continue à piétiner encore
De par le triste monde roublard

L'inégalité sous plusieurs rapports
Freine l'avenir, attriste le sort
De la majorité des femmes à bord
De l'esquif terrestre dans son essor

Débusquer les brutes en liberté
Qui violentent femmes et enfants
Coffrer ces fauves aux crocs acérés
Libérer les victimes souffrant

À quand la grande Révolution
De femmes tenues en sujétion?
Sous de barbares et abjectes structures
Pays entiers vivant contre-nature

Ouvrir les portes aux coeurs d'argent
Leur procurer l'équivalent
Faire basculer l'équilibre déficient
Entrer de plain-pied dans le loyal mouvement

DOUBLE FRUSTRATION

L'immense clameur de détresse
Qui glace nos coeurs et les blesse
Cris d'angoisse en raz de marée
Surgis d'un monde lézardé

La marée noire des persécutés
Envahit notre conscience obsédée
Que ne pouvons-nous les secourir
Tendre la main, combler leurs désirs?

Labyrinthe d'un monde compartimenté
Où l'aide n'arrive guère aux infortunés
Frappés de solitude et d'angoisse
Que faire pour que leur aide s'accroisse?

PARATONNERRE

L'immensité des ondes maléfiques
Générées par les esprits sataniques
Couvrent le monde d'un épais nuage noir
Excluant de l'avenir joie, paix et espoir

À l'encontre de ces perfides desseins
La pensée collective des séraphins
Religieux retenant la colère de Dieu
Par leurs prières instantes créant des non-lieux

Infime minorité du vaste monde
Leur voix porte pourtant jusqu'au Très-Haut
Par la suprême qualité qui inonde
Leur fervente oraison fortissimo

Sombrant dans le matérialisme pervers
Les impies, pris de sclérose spirituelle
Se coupent des pures joies que le coeur appelle
D'êtres intelligents, citoyens de l'univers

MONDE UTOPIQUE

Splendeur de ce qui serait advenu
Des humains pratiquant toutes les vertus
SOL LUCET OMNIBUS — au lieu de la nuit
Macabre du monde immonde d'aujourd'hui

Toute l'horreur des guerres supprimée
Cupidité, violence, mépris
Toutes les formes d'agir erronées
Bannies de la planète épanouie

Les beaux-arts au zénith de la perfection
Images éthérées des plus nobles passions
La nature dans toute sa pureté
Assurant à tous bien-être et santé

Abondance toujours renouvelée
Approvisionnant toutes les contrées
Fraternité à l'échelle mondiale
Éden de félicité filiale

Le paradis terrestre recrée
L'amour en partage pour l'humanité
Oeuvres littéraires en lettres de feu
Enflammant tous les coeurs de l'amour de Dieu

ALTRUISME

Planche de salut du monde
L'amour d'autrui inonde
Le coeur de l'altruiste
Dont le don de soi persiste

Variété de l'amour de Dieu
Sur ses créatures reporté
Secourir le monde, noble et suprême enjeu
Magnanimité qui ne cesse de donner

L'humanité blessée ne tient qu'à ce fil ténu
Au-dessus du gouffre de l'égoïsme, tendu
La foule immense des malheureux
Tendent les bras, ne demandent que peu

Du bien donné forte résonance
Garantie de fidèles alternances
Dégageant un climat de douce euphorie
S'étendant comme une franc-maçonnerie

VI
MODUS VIVENDI

VIVRE

Vivre le moment fugitif
Que dure l'éphémère esquif
Goûter les moments exquis
De la douce rêverie

Vivre cent mille vies par la lecture
L'exaltation qu'elle nous procure
Puiser aux multiples trésors de la nature
Mère attentive qui nous comble et nous rassure

Inonder son âme de musique
Dispensant du divin l'esthétique
Thérapie psychosomatique
Mélodie, rythme qui rappliquent

Boire gaiement à la coupe de la culture
Philtre donnant à l'esprit l'envergure
Remplir son être de subtile quintessence
De la brièveté des ans compense

Vivre pour un grand dessein
Parachever son destin
Vendre chèrement sa vie
Pour un idéal hardi

CIBLES INACCESSIBLES

Comme une fleur qui s'épanouit, fane et meurt
L'homme dans son cycle de vie a sa grandeur
Servant de trépied au suivant qui le dépasse
Portant plus haut le flambeau avec plus de grâce

Depuis l'aurore de l'humanité
Il s'est sur ses ancêtres modelé
Améliorant toujours ses techniques
Axées sur des normes scientifiques

Artistes, prophètes, écrivains, poètes
S'inspirant des Muses qu'ils interprètent
Puisent dans le répertoire des lettres
L'inspiration qu'ils ont à transmettre

Restent les grands mystères irrésolus
Malgré le génie humain suraigu
Pouvoir limité de l'intelligence
Ne perçant pas l'invisible évidence

JEAN QUI RIT, JEAN QUI PLEURE

Sur cette terre aux multiples résonances
Où s'affrontent famine et abondance
Richesse, luxe, indigence et malheurs
Toute la panoplie des troubles et splendeurs

De très nombreuses images assaillent le cerveau
De l'état du monde fidèle écho
Vivaces impressions s'accumulant
Dans l'imagination et le subconscient

Frappant les sens à tour de rôle
Sons et arômes qui enjôlent
Saveurs, sensations, couleurs
Séduisant l'appétit du coeur

Perturbant d'une même cognée
Affluent les sinistres communiqués
Fauchant les plus solides espérances
Apportant leur cortège de malchances

Actif et passif semi-entremêlés
Font de la vie le centre de gravité
Comment de ce bilan tirer profit
Jouir de pragmatisme et de poésie?

JUSTE MESURE

Aller en toute oeuvre jusqu'au bout de soi
Tirer sur l'injustice tout son carquois
N'espérer des autres que des broutilles
Et que la beauté d'une jolie fille

Planifier en chapitres ordonnés
À l'agenda le strict essentiel
S'assurer du rendement désiré
De son idéal répondre à l'appel

Aux objectifs d'autrui s'intéresser
Y apporter aide et dextérité
L'obligeance toujours bien accueillie
Reste conforme aux normes d'eurythmie

De son prochain, penser favorablement
Décompter les ragots et les cancans
Puiser aux sources sûres et authentiques
Du tissu social la grande mosaïque

OASIS

L'impératif de la vie routinière
Sape le meilleur de notre énergie
Laissant l'aspect créateur en jachère
Bousillant même l'idéologie

Savoir se ménager
Des moments privilégiés
Où donner libre cours
À nos principaux parcours

L'eau fraîche de l'oasis
Suggère au cerveau l'esquisse
Des subtils travaux littéraires
Soumis à la loi du précaire

SOLITUDE

Désir ou horreur d'être seul(e)
Solitude qui gratifie
Ou qui use comme une meule
Isolement voulu ou subi

Précieuse homéopathie pour certains
Pour d'autres, perfide venin
Personnes seules, abandonnées
À leur crépuscule, désemparées

Pour l'artiste, l'écrivain, le poète
Marchandise désirée qu'ils achètent
Source d'inspiration, douceur secrète
Les propulsant au sommet de la planète

PAPE ITINÉRANT

Rares sont les vrais disciples du Christ
Incarnant toutes les vertus du sacrifice
Assumant tout le dépouillement de l'office
L'amour inaltérable idéaliste

Missionnaires de l'archange Raphaël
Guérisseurs des esprits et de l'âme éternelle
Ferments de vie, d'amour fraternel
Leviers du monde spirituel

Excellent prototype : le pape actuel
Parcourant le monde fidèle et infidèle
Authentique disciple invétéré du Christ
Agissant sur les âmes tel un exorciste

VII
HOMO SAPIENS

ODYSSÉE

À l'aube de la vie
Le chérubin sourit
À l'amour, à la fantaisie
À l'espoir qu'il personnifie

Glissant sur des nuages roses
Tissés de rêves à forte dose
Tendres années, conte de fées
Sensation d'éternité

Circumnavigation de l'adolescence
Ponctuée d'à-coups, de turbulence
Nostalgie de l'Éden de l'enfance
Sublimée par les délices de la romance

Arrivé en haute mer
Au faîte de sa carrière
L'homme mûr subit et brave
Le roulis et le tangage

L'orage gronde, les éclairs sillonnent
Il se raidit à l'action qu'il affectionne
Écarte adroitement tous les écueils
Sait du succès valorisant franchir le seuil

De sa vie active la moisson abondante
Rejaillit sur tous comme une pluie bienfaisante
Oeuvres de gagne-pain ou de l'esprit
Foule de gens qu'il aura enrichis

UNIQUE AU MONDE

Pensée de Dieu de toute éternité
Prévu(e) dès l'origine de tous les temps
J'ai toujours existé, existerai
Parcelle de l'univers, l'éternel Plan

Cadeau du Roi des rois
L'unicité du moi
Aucun modèle répété
Inutile de rechercher

De sa propre identité
Chaque humain est assuré
Unique dans l'univers
Distinction salutaire

Puisque Dieu au coeur de l'homme a placé
Un ardent désir d'immortalité
C'est qu'il ne peut vraiment que le combler
ÊTRE PARFAIT ne saurait dévier

C'est par amour qu'il l'a voulu
Pour son image, sa tribu
Reflet infinitésimal
De sa force transcendantale

PARADIS PERDU

Paradis perdu de l'enfance
Glorieuse et douce souvenance
D'une vie joyeuse et trépidante
Fantaisiste et surabondante

Éternité dans chaque instant
Vécue à un rythme effarant
Le coeur et l'esprit rayonnant
D'un monde intime passionnant

Rêves aux paysages luxuriants
Fées, princesses , châteaux mirobolants
Prodiges de lutins extravagants
La clé des plaisirs donnée à l'enfant

Quintessence du bonheur humain
Courte période cessant soudain
Lorsque changent les petits lutins
De menus fétiches au morne train-train

FEUX D'ARTIFICE

Mystère entourant les êtres pensant
Surgis des confins de la nuit des temps
Toile de fond des esprits rayonnants
À travers les étoiles scintillant

Quelques supernovae incandescentes
Illuminent toute l'humanité
L'informant et comblant ses attentes
Haussant son savoir à l'apogée

Feux d'artifice resplendissants
Vives couleurs, signes percutants
Arabesques au zénith s'inscrivant
En apothéose retombant

LIBRE ARBITRE

Faculté de l'être humain de choisir
Selon le cas, selon son bon plaisir
Attribut conféré au roi de la nature
À charge pour lui de tout payer à mesure

Quel sera son avenir
Désastreux ou à ravir?
La réponse entre ses mains
Vie heureuse ou sans dessein

Armé des pouvoirs de l'esprit
De mille contraintes affranchi
Toujours plus loin il poursuit
Sa marche vers l'infini

CHAUMIÈRE

Par une belle nuit étoilée
Scintille émue la neige embrassée
Par la lune d'amour assoiffée
Couvrant de vif argent la contrée

Chaude, proprette, esseulée
L'humble chaumière habitée
Par de paisibles paysans
Au teint cuivré resplendissant

Îlot de paix, de simplicité
Au monde turbulent comparé
Âmes sereines, coeurs unis
Contre la clameur à l'abri

Sommeil tranquille, sans coupures
De ces modèles virgiliens
De coeur, mais non d'écriture
Philosophes au quotidien

MIROIR AUX ALOUETTES

Petits miroirs sur pivot au soleil tournant
Au gré du caprice des nuages et des vents
Fontaine jaillissante d'appâts aguichants
De rares aubaines, de multiples faux-semblants

Vains visages de l'amour, feux incandescents
Attirant les papillons naïfs et ardents
Vers les froides flammes du vert galant
Gelant sur-le-champ leur bonheur naissant

Promesses virtuelles d'or et d'argent
De profits faciles, richesse et diamants
Hypnotisant le voyeur par mirage
L'abandonnant dans la dèche et l'ombrage

Séduisants sont les reflets du pouvoir
Sur les esprits en manque de perchoir
Occultant les entraves perverses
Projetant l'émule à la renverse

L'attrait lumineux et puissant de la gloire
Ne manque sur l'aspirant de prévaloir
Devenir illustre et immortel
Couronner sa vie d'un arc-en-ciel!

QUO VADIS?

Le pont sur lequel je m'engage
Cherche en vain la rive opposée
Sans cesse à l'affût de l'ancrage
Où reposerait ma pensée

À ma question existentielle
À savoir si je suis éternel
Nul écho ne me répond
Le mystère reste abscons

Comme les galaxies en mouvement
Fuyant vers le vide de l'univers
Mes pensées s'envolent par fragments
Dans un abîme de lumière

Aveuglé par le contre-jour
Par l'éclat que le ciel savoure
Je reste seul en moi-même
Prisonnier de mon problème

VIE QUOTIDIENNE

Le flot des choses en rappel
Sans cesse se renouvelle
De facture terne ou belle
Qui ennuie ou ensorcelle

Zones grises abondantes
Restent les dominantes
De quoi surtout sont faites nos journées?
Sinon de routine carabinée

La douce sensation de vivre
Quoi qu'il advienne, quoi qu'il arrive
Le goût d'aller plus loin, de poursuivre
L'oeuvre de vie inscrite au Grand Livre

Mordre dans la vie comme dans un fruit mûr
En savourer tous les instants et l'allure
Chaque minute qui passe est une fleur
Ajoutée à la couronne du bonheur

MILLÉSIME

Lié par la vie et l'amour
Le couple âgé aux vingt mille jours
D'un même souffle revivifie
Chaque jour le grand oeuvre accompli

Il a réfléchi, connu, aimé et agi
Capté depuis lors tous les raccourcis
Vers une rationnelle productivité
Comblant ses vieux jours de félicité

Les soucis aux oubliettes rangés
Jouissant de la culture accumulée
Il partage avec autrui les lueurs
Des esprits philanthropiques et créateurs

LA BELLE ET LA BÊTE

Sous l'apparence de deux néants
L'avant et l'après de l'être humain
Ne constituent qu'un seul élément
De la séquence hier et demain

Astre microscopique, l'Étincelle
Atome de l'Intelligence universelle
Provenant de la Source, de l'Orbite
S'unit au corps avec qui elle cohabite

Étrange amalgame que l'être humain
D'intelligence et d'animal-déclin
La Belle ordonne, la bête obéit
Transformant parfois l'ordre à son profit

Coexistence plutôt chaotique
Ne durant qu'une seconde cosmique
Dès que la bête s'effondre, la Belle s'enfuit
Au Royaume de Lumière se domicilie

De retour dans le monde des esprits
Ses connaissances s'étendent à l'infini
Par le jeu spirituel de l'inertie
Poussée à bout par l'élan imparti

TO BE OR NOT TO BE

Roue de fortune à la chance inouïe
Chaque être humain au bon sort doit la vie
Confronté illico aux grands défis
Avant d'être un tant soit peu aguerri

Pris en charge, il est vrai, par une mère
Si toutefois il franchit la barrière
De l'être ou non être dont on délibère
Passeport pour les limbes ou la lumière?

Venir au monde en Chine ou au Québec
Au Pérou, en France ou au Bangladesh
Comme avenir le succès ou l'échec
Famille fortunée ou dans la dèche

Chérubin doté de quel esprit?
Lui donnant ou non tous les raccourcis
Quelles chances s'offrent à lui dans la vie?
De quels poids sera-t-il affranchi?

Contingences de la destinée humaine
Liées au lot, aux facultés, aux aubaines
Pour conjurer ou séduire le sort
Suivre d'emblée toutes les règles d'or

SOUS LES PALMIERS

Par une belle journée d'été
Au bord de la mer sous les palmiers
Un groupe d'amis reste songeur
Devant ce spectacle de splendeur

Face à cette mer d'où ils originent
Les êtres humains cherchent où on les destine
Leur entrée et leur sortie du monde
Liées à leur âme vagabonde

Ceux qui ont à demi franchi
La frontière de l'infini
N'hésiteraient plus à recommencer
La joyeuse et décisive envolée

LIENS SENTIMENTAUX

Le bébé sourit à sa mère
Reconnaît qu'elle lui est chère
Affection s'approfondissant
À l'instar du fond de l'océan

Le réseau des attaches se poursuit
Au cours des mois, des années, jour et nuit
Partenaires affectifs en nombre illimité
Chacun à l'échelle des sentiments, codé

Structure sociale invisible, universelle
À la base de toutes les communautés
Franc-maçonnerie incontournable, réelle
Sous le couvert officiel dissimulé

"YE MORTAL FOOLS"

Paradoxe de l'esprit humain
Équilibré ou erratique?
Comportement altruiste ou vilain?
Traits de génie ou bavures cycliques?

Tous les genres ne font pas synonymie
Du plus noble caractère au plus haï
Du plus avare au plus généreux
Du plus agréable au plus affreux

Choisissez parmi des milliers de mecs
Des compagnons futés ou des blancs-becs
Des génies, des normaux, des cinglés
Marchant tous sur le même pavé

Gens sincères ou exploiteurs
Rigolos ou ténébreux
Va-nu-pieds ou grands seigneurs
Dilettantes ou besogneux

Ou encore le juste milieu
Parmi ces dames et ces messieurs
In medio stat virtus
Trêve d'énigmes et d'astuces!

MÉDIUMS

Ce que les esprits leur confient
Secrets, messages, allégories
Qu'ils réacheminent à autrui
Laisse parfois inassouvi

Vif désir des esprits vecteurs
De contribuer au bonheur
Des anciens élus de leur coeur
Dont ils abhorrent les malheurs

Mystères de la parapsychologie
Résultats qui parfois stupéfient
Révélateurs d'un monde invisible
Dont très peu de quidams atteignent la cible

IDOLES

Multiplicité des objets d'adoration
De par le monde s'élèvent de faux autels
Où sont portés les hommages de leurs fidèles
Tous convaincus croyant répondre à leur mission

D'aucuns se prosternent devant le Veau d'Or
Accumulant l'argent dans le coffre-fort
Passant à côté du suprême confort
D'un esprit qu'on cultive et améliore

D'autres se lancent à la conquête du pouvoir
Écrabouillant tous les amis et adversaires
Parvenant au faîte de la triste gloire
D'une vie inutile et banqueroutière

Le Don Juan envisage d'autres cibles
A de nouvelles conquêtes disponible
Il aura épuisé tout son flux vital
À prouver son inanité cervicale

DESTINÉE

Jeune pousse perdue dans la prairie
Que deviendra-t-elle jusqu'à l'hyménée
Surgie en sol fertile, belle ancolie
En terre ingrate, ronce forcenée

Née fleur annuelle ou vivace
Ou if robuste et coriace
Végétation soumise aux éléments
Adverses ou favorables, prépondérants

Plante qui paraît, croît et fleurit
Soutenant tout au cours de sa vie, ses valeurs
Étalant sa beauté, sa verdeur
Son arôme, son esthétique, sa poésie

VIII

OXYGÈNE

JOIE DE VIVRE

Je sens le flux de la vie couler dans mes veines
Et du soleil sur ma peau l'amoureuse haleine
J'écoute euphorique, le concert des oiseaux
Et les parfums des fleurs me monter au cerveau

Plongé(e) illico en une douce rêverie
Où s'infiltrent évanescentes les poésies
Qui ont bercé les doux moments de mon enfance
Vifs souvenirs de la Fontaine de Jouvence

Je reconnais mes compagnons de jeu
Les champs, la forêt, le ruisseau, les lieux
La nature était pour nous une mère
Comme la vie tout aussi familière

Nous jouions à coeur joie, ingénus
Sûrs de nous, jamais pris au dépourvu
La fiction nous tenait lieu de réalité
Et l'insouciance d'idée d'éternité

Beauté sauvage de l'adolescence
Volcan de passions en effervescence
Idéal éclaté en mille morceaux
Dont seul subsiste l'olympique flambeau

Joies merveilleuses illuminant l'âge mûr
Quiétude souveraine qui rassure
Récolte des fruits et des fleurs engrangés
Espoir d'une féconde postérité

BUISSONS-ARDENTS

Jolis pois écarlates des buissons-ardents
Symbole des êtres à caractère vibrant
Toute une foule à leurs trousses entraînant
Dans les sentiers de leur viril élan

Animés de la foi qui transporte les montagnes
Projetant en clair l'image qui gagne
Prédisposant autour d'eux les braves décideurs
Qui affrontent la vie en cascadeurs

D'altière allure, colorés, robustes
Fidèles émules du gracieux arbuste
Ils ornent la nature en donnant l'exemple
D'une oeuvre que l'on imite et contemple

NUIT DE RÊVE

Splendeur des rayons de la lune
Se reflétant dans l'océan
Douce brise sur la dune
Dans un climat caressant

Nuit à forte saveur de romance
Où l'âme s'égare et se balance
Dans les doux souvenirs de l'enfance
Dominant le présent qu'ils devancent

Sur la promenade, joyeux estivants
Au babil versatile s'entrechoquant
Marchant à grands pas aller et retour
Éclairés par la lune au demi-jour

L'AU-DELÀ

Aucune définition possible
Limitant l'ÊTRE SUPRÊME indicible
Creuset de toutes les perfections
Source vive de toute animation

Ingénieur, Architecte de l'Univers
Principe de vie et de toutes les Lumières
Propagateur de tous les codes génétiques
Peuplant de flore et faune les terres cosmiques

Grâce au phénomène d'ordre universel
Mouvement d'horlogerie providentiel
La Terre des hommes poursuit son long cours
A-t-elle commencé son compte à rebours?

Quête incessante de la grande aventure
Du roi de la nature, la destinée
Sommes-nous en mesure de conclure
Que vivre un jour, c'est pour l'éternité?

Les étoiles disparaissent dans l'antimatière
Comme les êtres humains au terme de leur carrière
Mais tel l'espoir prophétisé par Ézéchiel
Le grain de Yahvé ne peut être qu'ascensionnel

Reflet de Dieu, sa créature participe
À l'intégrité du monde, comme en équipe
Nul élément ne saurait être mis de côté
Lorsque se reformera l'éternelle unité

VIE APRÈS LA MORT

Après un stage mouvementé
L'âme d'un quidam s'est envolée
Vers les merveilleuses contrées
Au-delà de la voie lactée

Logée dans la galaxie Nénuphar
Charmée par les arômes, les nectars
Riche de luminescence cosmique
Conforme à sa nature poétique

À des millions d'années-lumière
Sur la mignonne planète Terre
Elle voit s'allumer et s'éteindre des phares
Éclipsant des myriades de chandelles bizarres

Reflets d'un monde perturbé
Que très heureuse elle a quitté
Pour enfin au Royaume accéder
Où elle vit sa félicité

QUATRIÈME DIMENSION

Le Temps, substance de Dieu
On en fait ce que l'on veut
Bon ou mauvais usage, à volonté
À charge de bien ou mal récolter

Fluide reliant l'oeuvre de l'homme
À l'oeuvre première de Dieu en somme
Distinction insigne de collaborer
Aux ultimes secrets desseins de sa pensée

Gratification divine chronométrée
Le Temps, d'un seul lot initial nous est donné
Fraction de seconde à l'échelle cosmique
Du grand oeuvre de notre vie la mosaïque

Passé, présent et avenir confondus
Temps absolu, sans commencement ni limite
Course folle dans un élan perdu
Vol immobile de l'éternel satellite

IX

CIVILISATION

TRILOGIE

Séduction auditive envoûtant l'être
La Musique au for intérieur pénètre
Harmonie tonique de divine saveur
Attouchements rythmiques caressant le coeur

Autant que la Musique, la Poésie
Des êtres humains est la fidèle amie
Répondant à leur vif désir d'harmonie
Changeant leurs états d'âme en allégories

L'aînée des trois, la Philosophie
Étanche la grande soif d'infini
De tout comprendre, de tout dominer
Par un simple effort de la pensée

TRÉSOR DE L'HUMANITÉ

Reconnaissance aux millions d'auteurs
Qui au cours des siècles ont accumulé
Des oeuvres diverses de grande valeur
Pour le plus grand essor de l'humanité

Immense trésor à la portée de tous
Où ignares et savants puisent à la source
Plaisir et culture pour les dilettantes
Tous y trouvent réponse à leurs attentes

Richissime fleuve de vocables
Source de lumière inépuisable
École libre de haut savoir
De l'homme, l'éternelle mémoire

«Je puise, mais n'épuise», juste norme
De cette maître source qui informe
Grâce à ce trésor tout devient possible
Aux plus exigeants d'atteindre leur cible

VOYAGE

Se dépayser loin à l'étranger
Changer du coup le cours de ses pensées
Comme pour le champ, alterner les cultures
Y substituer de nouvelles emblavures

Effet enrichissant du renouveau
Sur l'esprit baladeur portant le flambeau
De sa propre culture, de son cerveau
Favorisé par cet eldorado

Vif plaisir de confronter les usages
Les langues, les décors, les personnages
Avec ceux de son patelin
Dont on connaît bien le refrain

Perspectives d'un tout autre éclairage
Riche moisson de nouveaux paysages
Profusion de couleurs et d'images
Joies ineffables d'un tel héritage

GÉNÉRATIONS

Quatre-vingts milliards d'humains
Disparus sans lendemain
Autre que l'écho certain
De leurs oeuvres le refrain

Sur la grande fresque du monde
Ont laissé des traces profondes
D'illustres ou d'obscurs acteurs
Doués du sens créateur

Telle une pièce pyrotechnique
Qui éclate en gerbes concentriques
Les maîtres à penser brillent au zénith
Brûlant comme des météorites

Traversant les siècles sans défaillance
Toujours présents dans notre souvenance
Ils continuent à stimuler la performance
De la vie des lettres, des arts et des sciences

MARASME HISTORIQUE

Chaque génération qui s'éteint
Laisse derrière elle des orphelins
Qui réajustent le tir des humains
Vers des cieux prétendument plus câlins

De la monarchie à la gaie république
De la dictature à la démocratie
Sommes-nous sortis des époques héroïques?
Ou plutôt plongés dans la dramaturgie

S'agit-il de la forme de gouvernement?
Ou plutôt de l'attrait de la concupiscence
Qui fait tomber tant de peuples comme innocents
Victimes de leur incorrigible inconscience

MERVEILES DU MONDE

Puissance d'émerveillement d'une oeuvre d'art
Suscitant dans l'esprit l'euphorique décor
D'une quatrième dimension qui fascine
Rétrocédant l'âme à ses célestes racines

Des moult cultures se tenir au carrefour
Puiser à leurs sources le grand bonheur du jour
L'esprit humain dans sa diversité
A beaucoup à offrir aux passionnés

Le riche domaine des sons, rythmes et accords
Mélodieux, suaves et envoûtants
Caressant les sens, baume et ultime confort
De l'harmonie, la pureté du diamant

Frénésie de la création littéraire
D'une oeuvre, acharnement à la parfaire
Redire autrement pour la galerie
Répondre aux normes de l'idiosyncrasie

Se promener dans les plus beaux jardins du monde
Gaver sa vue des multiples formes et couleurs
Humer arômes, parfums, essences des fleurs
Omniprésents dans l'atmosphère qu'ils inondent

L'heureuse main charitable s'étend
Jusqu'à la chaumière de l'indigent
Corrigeant le déséquilibre monstrueux
Régnant partout dans le monde entre riches et gueux

La charité à l'instar de la foi
Transporte les montagnes par l'émoi
Ne mesure ni son élan ni sa force
Touche tous les coeurs en y perçant l'écorce

Nature, secours, art, amour
Cajolent l'être humain tour à tour
Magnificences de notre aventure
Qui la valorisent, la transfigurent

ACCORDER SA LYRE

Sensibles à la beauté, à la perfection
Prévenus de la fugacité de la Muse
Les poètes pour en ouvrir l'écluse
Écoutent de leur coeur le carillon

À l'affût des mille couleurs
Rythmes et mélodies de grande ampleur
Images à l'aspect aguicheur
Mots pour les peindre en accroche-coeur

Prière ardente, le poème émeut
Ciel et terre aux visages radieux
L'essence des mots plonge au fond des choses
Perçant le voile des effets, des causes

Textes de lumière incandescente
Sur la route menant aux étoiles
Appui aux humains qu'elle oriente
Vers les splendeurs qu'elle leur dévoile

Pain quotidien immatériel
La poésie, image du ciel
Dispense le rêve et la beauté
À tous ceux qui en sont assoiffés

X

EXCELSIOR

ALPINISME

Vive obsession de l'esprit humain
De toujours s'élever au plus haut point
Dans tous les domaines, y compris les sports
Gravir tous les échelons jusqu'à la mort

Haute mais accessible la montagne
Au brave alpiniste qui l'accompagne
Dans leur tentative de grimper
Jusqu'aux abords de l'éternité

À la conquête des sommets
Réapprendre tout l'alphabet
De la base jusqu'à la cime
De A à Z tout est sublime

Maîtrise des dangers
Équilibre à préserver
Toute erreur à éviter
Sous peine de chuter

Le plus risqué des sports
À la vie, à la mort!
Fait partie du décor
¡Olé! toréador

Roses des Alpes à la base du Jungfrau (Suisse)

AU SOMMET DU SCHILTHORN
(Suisse)

Quadruple train, triple téléphérique
Nous montent au sommet par coups sporadiques
Là où la vision est béatifique
Sensation de proéminence unique

À trois mille mètres d'altitude
De la vie future le prélude
Le disque d'or brille de tout son éclat
Exaltant ce paysage d'apparat

Panorama tout à fait grandiose
Où ciel et terre se métamorphosent
Pics de montagnes gigantesques
Escarpements, ravins dantesques

Scène paradisiaque, idyllique
Sans limites d'un monde féerique
Surpassant toute mesure humaine
Dominant de très haut les Cévennes

Au fin sommet de ce site aseptisé
Ne perdurent que de très hautes pensées
À mi-chemin, semble-t-il, du paradis
Le corps et l'âme par la grâce envahis

DRAGÉE HAUTE ?

Gravir la montagne de l'excellence
Avoir le sentiment que l'on avance
Vers le noble idéal de son enfance
Sur tous les fronts la plus grande abondance

Pour nos frères humains, le fervent espoir
De capter le bonheur sinon la gloire
Pour soi-même la rencontre de son destin
La réalisation de tous ses desseins

Cependant que vogue l'aventure humaine
À bâbord, à tribord, livrée à son sort
Progrès et reculs dans tous les domaines
Bousculant les passagers sans passeport

XI

COSMOS

CIEL ÉTOILÉ

Lancé dans l'espace sidéral
Sous l'influence zodiacale
L'astronef humain vogue vers son destin
Armé d'espérance, chargé de chagrin

Du tréfonds de l'univers
Un bruit sourd, constant, austère
Symbolique de son grand mystère
Vestige Création première?

Immense ciel sombre étoilé
Pâle reflet de sa destinée
Toile de fond de l'humanité
De ses lueurs, de ses ratés

Spectacle d'une lumineuse beauté
Que les étoiles diffusant dans la nuit
Courts messages aux humains par le splendeur attendris
Réconfort pour leurs âmes d'infini assoiffées

D'entrée de jeu les étoiles nous sourient
Ponctuant leurs lueurs de douceur infinie
Pour transmettre l'espoir d'une nouvelle Vie
Voulue par le Créateur, notre grand Ami

Plafond d'étoiles irradiant
Sourires suaves et chatoyants
Chargés de messages pressants
Adressés aux humains impatients

PORTE OUVERTE SUR LE COSMOS

Comme un oisillon fragile
Se risquant hors de son nid
L'homme cherchant un autre asile
Par son grand rêve est poursuivi

Ses premiers pas sur la lune
Lui enlèvent l'amertume
D'être à jamais confiné
Sur la terre surpeuplée

Sortir de l'orbite terrestre
Voguer dans l'espace céleste
Vocation de l'homme universel
De nature pluridimentionnelle

Porte ouverte sur le cosmos
À un âge encore précoce
L'homme envisage déjà
D'habiter dans l'au-delà

À la recherche d'une autre planète
Maternée par une étoile voisine
Espace, habitat qui lui permette
Une vie heureuse où il s'enracine

Pérennité de l'aventure humaine
Poursuite de ses recherches, de ses peines
Aura-t-il enfin appris à maîtriser
Sa nature ondoyante et tourmentée?

COSMOPHILIE

Je dis «Bonne nuit» à la lune
Gentille, elle répond : «Fortune»
Je dis «Bonjour» au soleil
Courtois, il répond : «Merveille»

Du fond du cosmos, l'Appel
Convocation du Ciel
Message à l'âme immortelle
Retour au spirituel

À elle l'immensité
Des étendues azurées
L'intelligence à l'état pur
Sans frein ni aucune mesure

Passé, présent et avenir
De joie la feront tressaillir
Tout confondu en un instant
Qui se perpétue constamment

Réintégrée à l'immanence
Exclue de toute contingence
L'âme bourlinguée par la vie
S'envole enfin vers l'Harmonie

VOYAGE COSMIQUE

Course dans l'infini de l'espace
De l'être humain au cours de sa carrière
Parcourant en cent ans tout le chemin
De ses ambitions, de son destin

Première étape d'un perpétuel voyage
Poursuivi aussitôt par l'esprit libéré
Du corps qui fonctionnait dans son sillon
Mais l'alourdissait de son pied ancré

Doué de la rapidité de l'éclair
L'esprit prend son envol pour l'éternité
Désincarné, agile et visionnaire
Il vole vers son ultime destinée

POUSSIÈRES D'ÉTOILES

Issus des étoiles, nous circulons dans le vide
Inconscients de l'odyssée cosmique translucide
Voyage immobile, image de l'éternité
Tout se confond en une inéluctable unité

Qui fonctionne en parfaite symbiose
Spectacle parfaitement grandiose
L'univers, constante féerie
Le plus grand, l'indicible défi

Voyage nous conduisant au coeur de l'univers
Où nous retrouverons multipliées à l'infini
Toutes les valeurs accumulées au cours de la vie
D'ordre affectif, culturel et imaginaire

Mouvement d'horlogerie chronométré
Milliards d'astres évoluent équilibrés
Fuite éperdue des galaxies vers l'infini
Suprême merveille de la cosmologie

PERSPECTIVES

Petitesse inouïe, risible de la Terre
Intégrée dans l'immensité de l'univers
Grain de sable perdu dans l'océan cosmique
Des grands saints du Ciel toute petite relique

En contrepartie de ce phénomène
Que l'intelligence brille, intervienne!
Seule consciente de l'existence
De l'univers les magnificences

Des tonnes de matière et d'énergie
Ne sauraient jamais équivaloir
De l'homme, la moindre trace d'esprit
De Dieu, la source de ce pouvoir

EXTRATERRESTRES

Obsédé par le mystère des extraterrestres
L'homme déploie des efforts réels et manifestes
Pour communiquer avec eux s'ils existent
Déterminer s'il s'agit d'êtres humanistes

Ce que le monde en a déjà vu
A plutôt émerveillé et plu
Expériences lancinantes
Pour tous les témoins qu'elles hantent

Éclaircir si c'est réel ou contingent
S'il y en a parmi eux d'omniscients
Pouvoir emprunter leur technologie
Affronter les plus redoutables défis

Percer ce mystère serait la grande première
De l'histoire de l'humanité tout entière
En cas de panne terrestre pouvoir s'envoler
Vers des terres dont l'avenir est décuplé

Accéder à la science de l'humaine survivance
Pierre angulaire qui bouleverserait nos connaissances
Insufflerait un grand élan à l'idéal humain
Nous assurerait de prospères et brillants lendemains

XII

APOTHÉOSE

TROISIÈME MILLÉNAIRE

Pour le troisième millénaire
Qu'espérer qui ne soit précaire?
Sinon que le Maître nous éclaire
Embellisse notre imaginaire

On devient ce que l'on pense
Châtiment ou récompense
Actif ou passif pour la société
Ange ou mécréant pour l'éternité

Tendance de l'homme à s'autodétruire
Il a tout en main pour y réussir
Dansons-nous sur un volcan?
Aux abords des deux mille ans

L'accélération de l'histoire y pousse
À notre époque où l'infamie éclabousse
À moins que l'amour fraternel la repousse
Nous verrons la dernière des lunes rousses

Serons-nous tous au rendez-vous
Fêter les deux mille ans debout
Mieux encore au garde-à-vous
Saluer les archidoux?

Saints, héros et martyres sacrifiés pour tous
Nos ancêtres morts au combat pour la patrie
Y compris nos pères et mères à notre rescousse
Auteurs de notre lancinante nostalgie

POÈME D'OUTRE-TOMBE

Le temps fuit comme un météore
Scellant de tout l'ultime sort
Qui vit ce jour demain est mort
Pour survivre en des siècles d'or

L'âme humaine vit encore
Dans un tout autre décor
Parfait équilibre à bord
De l'aéronef Luxe-or

Ascension vertigineuse
Vers l'Éden des îles heureuses
Sept piliers de la sagesse
Tourbillonnent dans l'allégresse

Leur mission accomplie
Ils dansent dans l'euphorie
Aux sons de la rapsodie
De troubadours de génie

Aucune contrainte, aucune entrave
Tout baigne dans un bonheur suave
Libre parcours sidéral
Aux confins du monde astral

De la vie terrestre l'apothéose
L'homme en bel ange se métamorphose
Élevé du vulgaire au grandiose
Rien alors à ses désirs ne s'oppose

À la portée de l'être spiritualisé
L'univers d'un nombre infini d'étoiles peuplé
Dont les seules dimensions sont l'éternité
Et l'unique raison d'être la félicité

Participant à la saine euphorie
Des êtres désincarnés affranchis
Gratifié enfin de l'ubiquité
Le rapprochant de la divinité

L'ABSOLU

Quête incessante et effrénée de l'esprit avide
Des merveilles du monde, tonneau des Danaïdes
Recherche active de l'esprit baladeur
Qui butine goulûment de fleur en fleur

Goût insatiable des enivrantes splendeurs
Que pour l'exceptionnel, le prodigieux n'a de coeur
Excluant le commun de son labeur
N'ayant de regard que pour le meilleur

Sublime ascension vers les hauteurs
Dès qu'un bon motif suscite son ardeur
À la recherche d'un rare bonheur
Dont nul autre ne perçoit la profondeur

Bien ancré à des valeurs transcendantes
Rivé au but toutes affaires cessantes
L'esprit avide d'absolu
De flair superfin est imbu

L'ARC-EN-CIEL

Au sommet de la voûte céleste
L'arc-en-ciel brille de tous ses feux
Arborant drapeaux manifestes
De sept couleurs plaisant aux yeux

Le soleil à travers la pluie
Envoie des messages de vie
Par codes couleurs interposés
Du violet au rouge foncé

L'arrivée des rayons violets
Suggère aux poètes le sonnet
Eux qui dévoilent tous leurs secrets
Mettent leur âme à nu sans regret

L'indigo bleu foncé, reflets violets
Exprime sa sympathie pour leurs malheurs
Énonce face à leurs souffrances son regret
Les couvrant d'une sombre mais douce chaleur

Radiation spatiale du bleu
Tinté de dévouement amoureux
Fait appel à la fidélité
À nos origines, à l'amitié

Le vert évoque la nature
Gare à ceux qui la défigurent
Elle qui tous les biens nous procure
Garantie d'un prospère futur

Pouvoir ensorceleur du jaune
Lié au prestige de l'or
Aux indigents donner l'aumône
Double l'élan de tout essor

Vertus énigmatiques de l'orangé
Agissant sur le cerveau comme une clé
Ouvrant les vannes de la sensibilité
Touchant toutes les fibres de l'amour inné

Joie, ardeur, passion marquent le rouge
Invitation à ce que tout bouge
Que nul ni rien ne s'ankylosent
Âmes et biens se métamorphosent

L'arc-en-ciel divin préfigure
Les délices de la vie future
Les sept couleurs de la lumière
Offrent aux humains la clé des mystères

Que la lumière se décomposant en sept
Expose la face cachée de toute chose
Que l'analyse exhaustive des poètes
Révèle les arcanes du grandiose

ÉTINCELLES

L'Intelligence, Soleil éternel
Projette par milliards des étincelles
Dans le cosmos, sous forme d'arc-en-ciel
Fine pluie colorée existentielle

Fécondant l'esprit chez les nouveau-nés
Les portant au rang d'êtres intelligents
Capables d'étudier à volonté
Jusqu'à devenir quasi omniscients

Merveille que cette faculté divine
Qui grandit l'homme depuis son origine
Lui ouvrant toutes les perspectives amplissimes
De la nature et de l'avenir qu'il domine

L'étincelle brille, brûle et se sublime
Jusqu'à ce que les oracles la raniment
Pour se fondre dans le grand brasier divin
D'où elle avait procédé pour son destin

L'AVENIR

Où serons-nous en l'an trois mille
Que serons-nous tous devenus?
Installés dans le Domicile
Dont aucun humain n'est exclu

Libérés de toute contrainte
Plus aucun motif de complainte
Possédant le bien absolu
Que nous aurons toujours voulu

Vaste monde de purs esprits
En symbiose d'harmonie
À l'infini projetant
Les vifs reflets du diamant

Pensée commune immanente
Aux multiples variantes
Chaque esprit la partageant
À son grand ravissement

Pensée désormais totale
Au comble du génial
Nul aspect ne figurant
En deçà du transcendant

Tel est l'ultime destin
De tous les êtres humains
Balbutiant sur cette terre
Le langage de la Lumière

HAUTE VOLTIGE

L'Avenir, propriété de Dieu
Écrit en toutes lettres de feu
Aux coeurs purs de tous les amoureux
Dont le suprême amour est l'enjeu

Pris par la passion qui les dévore
Pleins d'ardeur au service de son sort
Nul doute ne pénètre leur conscience
S'inscrivant dans l'éternelle mouvance

L'esprit passera à travers les temps
Ce que le coeur d'emblée pressent
La très haute vibration de l'âme
Échappe au monde qui s'enflamme

Qu'adviendra-t-il de l'Univers?
S'éclipsera-t-il à l'envers?
Lui qui prospère et dégénère
Comme étoiles en antimatière

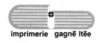
imprimerie gagné ltée

IMPRIMÉ AU CANADA